SOCIÉTÉ KHÉDIVIALE DE GÉOGRAPHIE

NOTICES BIOGRAPHIQUES

DE

S. E. MAHMOUD-PACHA EL FALAKI

(L'ASTRONOME)

PAR

ISMAIL-BEY MOUSTAPHA ET LE COLONEL MOKTAR-BEY

Séance du 8 Janvier 1886

LE CAIRE

IMPRIMERIE NATIONALE

1886

SOCIÉTÉ KHÉDIVIALE DE GÉOGRAPHIE

DU CAIRE

MAHMOUD-PACHA EL FALAKI

Décédé le 30 Novembre 1885.

SOCIÉTÉ KHÉDIVIALE DE GÉOGRAPHIE

NOTICES BIOGRAPHIQUES

DE

S. E. MAHMOUD-PACHA EL FALAKI

(L'ASTRONOME)

PAR

ISMAIL-BEY MOUSTAPHA ET LE COLONEL MOKTAR-BEY

Séance du 8 Janvier 1886

LE CAIRE
IMPRIMERIE NATIONALE
1886

NOTICE NÉCROLOGIQUE

DE

S. E. MAHMOUD-PACHA L'ASTRONOME

PAR

ISMAIL-BEY MOUSTAPHA

Messieurs et chers Confrères,

Excusez-moi si je viens rappeler à votre souvenir un événement aussi touchant que malheureux pour nous tous, la perte de notre confrère et Président, Son Excellence Mahmoud-Pacha, l'astronome. Quoique me jugeant peu digne de parler dans une assemblée aussi savante, mais cédant à un sentiment de reconnaissance et de vieille amitié, je prends cette liberté, et j'y suis d'autant plus encouragé que l'éminent astronome mérite notre estime à tous égards. Je ne prétends faire ni la biographie ni l'apologie de notre illustre confrère; je pense tout simplement rendre un dernier hommage à l'homme utile qui, par ses travaux scientifiques, a su conquérir une place respectable parmi les savants de tous les pays, et par cela même il fut une des gloires scientifiques de notre patrie.

Mahmoud-Pacha commença ses études à l'École d'Alexandrie, établie, vers 1824, par la libéralité du grand Mohammed-Aly, presque en même temps que l'École de la première mission égyptienne en France. Son frère l'y avait précédé et en sortit officier dans la marine égyptienne. Vers 1833 (1249 de l'hégire), Mahmoud passa à l'École polytechnique, qui venait d'être instituée à Boulaq sous la direction de Hakikiane-Bey. Environ deux années plus tard, eut lieu le retour des jeunes ingénieurs de la mission égyptienne, qui avaient terminé leurs études en France. On procéda à la séparation des élèves de l'École polytechnique égyptienne en deux groupes : l'un passa à l'École des Arts-et-Métiers, qui eut pour directeur Hakikiane-Bey, et l'autre resta à l'École polytechnique, et eut alors pour directeur un savant ingénieur des mines de France, Charles Lambert. Celui-ci, aidé par les jeunes ingénieurs égyptiens Bayoumi-Effendi, Ahmed-Effendi Faide, Ahmed-Effendi Dongla, Ibrahim-Effendi Ramadane et Ahmed-Effendi Taïl, continua la tâche qui lui était dévolue. C'est à ce petit temple, érigé à la science moderne par la munificence de Mohammed Aly et façonné à la manière européenne par un des savants consciencieux et des plus distingués de la France, que Mahmoud Pacha puisa les éléments des sciences mathématiques. En 1255, ayant terminé ses études à l'École polytechnique et étant sorti un des premiers de sa classe, il fut promu au grade de sous-lieutenant et resta à l'École comme professeur adjoint. C'est au mois de Chawal de l'année 1256 que j'ai eu le bonheur de suivre le cours d'algèbre qu'il professait avec une admirable clarté. Mais son intelligence active ne se borna par là : il s'appliqua, et presque sans maître, à l'étude de la langue française, et parvint bientôt à traduire avec facilité dans les livres de mathématiques. Par suite, il enseigna la trigonométrie rectiligne et sphérique, la géométrie analytique, ainsi que le calcul différentiel et intégral.

Vers 1258, Mahmoud obtint le grade de capitaine. Il tourna alors son activité vers l'étude de l'astronomie. C'est dans les œuvres de Delambre et de Francœur qu'il puisait ses leçons, et, en peu de temps, il parvint à professer cette science aux classes de l'École polytechnique. J'étais un de ses élèves; son application embrassa l'étude et l'usage des tables astronomiques; nous en avons une preuve convaincante par un petit annuaire publié pour l'année 1264, dans lequel, outre les correspondances des dates, arabe, grégorienne, copte, grecque et juive, l'auteur avait calculé les positions du soleil et celles de la lune de 5 en 5 jours, à midi, pour toute l'année. Dans la même année, notre confrère fut promu au grade d'adjudant-major et obtint du public le titre de Falaki, c'est-à-dire astronome.

Au milieu de l'année 1266, ou vers la fin du mois de mai 1850, Son Altesse Abbas-Pacha, voulant réorganiser l'Observatoire établi à Boulaq par Mohammed Aly, et qui fonctionnait sous la direction de Lambert-Bey depuis 1261, ordonna l'envoi de trois jeunes gens en France pour y étudier l'astronomie. Le choix ne manqua pas à désigner Mahmoud-Effendi en premier, et avec lui deux autres collègues : Hussein-Effendi Ibrahim et Ismaïl-Effendi Moustapha.

A partir de cette époque, notre confrère passa en Europe; il fut confié aux soins bienveillants de l'éminent astronome directeur de l'Observatoire de Paris, M. Arago, qui chargea des soins de son instruction le savant physicien M. Barral et M. Goujon, astronome de l'Observatoire.

En 1854, notre jeune astronome, ayant obtenu son certificat de fin d'étude, et les cours scolastiques ne l'intéressant plus, il fallait à son activité des recherches et des productions. C'est ainsi que nous le voyons profiter d'un voyage qu'il a obtenu pour visiter les différents Observatoires d'Europe, et faire des recherches sur l'intensité magnétique et ses variations. Son travail a été inséré dans les bulletins de l'Académie Royale de Belgique.

En 1855, un Mémoire important et très utile sur le calendrier judaïque, inséré dans le tome XXVI des Mémoires couronnés et Mémoires des savants étrangers de l'Académie Royale de Belgique, fait honneur à son auteur.

Un autre important Mémoire sur le calendrier arabe avant l'Islamisme, et sur l'âge et la naissance de notre prophète Mohammed, fut publié, en 1858, dans le *Journal Asiatique* de France, par notre éminent confrère.

En 1859, une Notice, insérée dans le *Journal Asiatique* sur l'identité du rôle du verbe auxiliaire *Avoir* et du verbe arabe كان, lié à un autre verbe, montre que notre compatriote, en s'occupant des sciences, n'en était pas moins un homme de lettres.

En 1859, Mahmoud, de retour en Égypte, Son Altesse Saïd-Pacha lui conféra le grade de colonel (Bey) et le chargea de la direction de la Carte d'Égypte ; avec quelques ingénieurs égyptiens, notre confrère entreprit ce grand travail, dont une grande partie, comprenant toute la Basse-Égypte, est déja publiée. La Haute-

Égypte, dont une grande partie est terminée, reste inédite, ainsi que le plan de la ville du Caire établi à une grande échelle.

Au milieu de ses travaux de la carte, notre confrère fut chargé d'un voyage à Dongola pour y observer l'éclipse totale de soleil de 1860. Ce travail, rédigé dans un Mémoire, fut présenté à l'Académie des Sciences de Paris, et a été l'objet d'un rapport favorable. Notre savant compatriote profita de ce voyage pour déterminer les positions géographiques de plusieurs localités sur le Nil.

En 1864, notre confrère fut chargé, par ordre de Son Altesse Saïd-Pacha, de rechercher l'emplacement du camp de César à Alexandrie. Il entreprit ce travail avec ses ingénieurs de la Carte. Le résultat de ses recherches a été publié dans un Mémoire, où leur exactitude est prouvée jusqu'à l'évidence.

Notre savant confrère détermina ensuite l'âge et le but des Pyramides par l'observation de Sirius, et son travail se trouve inséré dans le tome XIV des Bulletins de l'Académie Royale de Belgique. En 1871, notre confrère fut promu au grade de Motémaïs par Son Altesse Ismaïl-Pacha. Nous avons encore, entre autres, un travail important du même auteur sur le système métrique actuel d'Égypte, comparé au système français, et sur les nilomètres, tant anciens que modernes, publié à Copenhague en 1872.

Qu'il me soit permis, Messieurs et chers confrères, d'arrêter là le dénombrement des travaux de notre cher et regretté Président, car il y en avait encore, paraît-il, dans son portefeuille ; mais, par malheur, la mort vient de nous l'enlever avant qu'il ait pu leur donner le jour.

Quoi qu'il en soit, il y en avait assez pour ouvrir toutes grandes à notre ami les portes des Sociétés savantes et attirer sur lui le regard bienveillant de notre Auguste et bien-aimé Souverain ; c'est ainsi qu'il fut nommé Membre de l'Institut Égyptien et que nous avons eu l'honneur de l'avoir pour Président.

D'ailleurs, jouissant de la haute faveur, bien méritée, de Son Altesse le Khédive, notre confrère fut amené à occuper les charges les plus importantes de notre Gouvernement ; c'est ainsi qu'il fut, en 1881, élevé au grade de Pacha et obtint le portefeuille de Ministre des Travaux publics, et, ensuite, celui de Ministre de l'Instruction publique. Les travaux de haute importance de notre Président, ainsi que les services rendus par lui dans ses hautes fonctions, étant hors de ma portée, je termine en témoignant qu'il a toujours été le même, quelle qu'ait été la position de fortune qu'il occupa, c'est-à-dire toujours affable, accessible à tout le monde, au grand comme au plus petit, et tous ses efforts tendaient à la grandeur et à la prospérité de notre pays.

Tel était, Messieurs, en résumé, le caractère distinctif de notre honorable Président. On voit qu'il a consacré toute sa vie, tantôt au rehaussement du prestige de la science chez nous, tantôt à des travaux utiles et importants, saisissant toutes les occasions pour servir sa patrie. J'estime, Messieurs et chers confrères, qu'à tous les points de vue, notre cher Président a largement mérité de notre patrie, et que dans nos cœurs justes et reconnaissants, il doit avoir droit à plus qu'à des regrets.

ترجمة

حياة العالم الفاضل المغفور له

محمود باشا الفلكى

وتعداد ماثره

لحضرات اسماعيل بك مصطفى والميرالاى محمد مختار بك

بالمطبعه الاهليه ببولاق
سنة ١٨٨٦
افرنجيه

ترجمة حياة العالم الفاضل المغفور له محمود باشا الفلكي وتعداد ما ثم

سادتى

وأجب نهائى بل فرض وفائى استفزنى الى القيام بتأدية ثمر رابطة تجمعناهى رابطة الاخوة العلميه بل صلة تضمنا هى صلة الاخوة الانسانيه تبوأت مقام الخطابة وكل شهودى الجثمانى مندفع اليها بقوة وجودى الروحانى بهيئة يتصور لى فيها أن الحالة الراهنة لحياتى منحصرة فى حاجة فى النفس أود أن أقضيها اذ صارت مركز فكرى وحلبة وحدة قواى أطيل النظر بيننا وأقلب الطرف يسارا فأجدنى محفوفا بأساتذة وعلماء أفاضل ولواجهة قطرنا شطر التقدم الحقيقى وأ كسبوا مصرنا فخرا ومجدا تقربه الاعين ويؤمل معه النجاح أجل فأنتم النجوم الزواهر المستنيرة بضوئهم سماء المعارف وقبة العوارف فى مصر نعم هذا افلك العلوم نصب عينى أراه تاما بجميع منازله وكل معارجه تحل مطالعه كواكبه الزاهية المنبعثة منهم فيه أشعة الكمال لكنى مع اقامة الرصد وامعان النظر لأ أشعر بقدرة أو كناءة فى البصر على مشاهدة كوكب كان حلوله فى برج هو صدر قبتنا الفلكيه هل أستعين على ا كتشافه بالا كلات المعظمة والا آيات المجسمة أم هل ترون بأن ذلك لا يجدى نفعا ولا يضمن تعبى من الضياع سدا اذا حدثونى ما الموجب لاحتجاب هذا الكوكب عن اعين مريديه وما السبب فى أفولها المتمن دائرة الوجود حيث كان بها سما يقتبس من نوره ما استضى به البصائر اين قطب الهدايه اين محور الارشاد اين مطلع التفنن اين باسط غوامض العلوم اين مفسر رموز القدماء اين منبع الحكمة و مجمع الفلسفه اين يسك أيتها الجهبه اين محمود التآليف اين فلكى مصر ان صدق نفسى الحزينة حدزها فقد استقدمته اليها أهل تلك الافلاك التى كان يواصل دقايق حركاتها بلحظات مناظره أو يعارض سير حيا نمبرم من المنون أولقد أخنى عليه الذى أخنى على لبيد والمسفاه وا ألف حسرتاه على نور انطفأ سراج جماله الوهاج

— ٤ —

وعلم استترعلمه الوضاح نخلف لاصدقائه المخلصين حزنا عظيما والما مستديما برزه رحمه الله الى العالم الوجودى فى سنة ١٣٠٢ هجريه وكانت ولادته ببلدة المحصة بديريه الغربيه نشأ وترعرع فى أرض كانت مسقط رأس رجال هم على ما نعهد أول من بثوا أرواح التنور فى الاجتماع الانسانى وكأنها اخت لا يجاد مثل بنيها الاول التى كانت تفتخر دولتنا بهم فانجبت لها هذا المولود الجديد من غرسها اليانع ما بعث فيه آية النجابة وهو فى المهد صبيا فلما بلغ سن التمييز اعتنى أخوه بتربيته فاهدى فى سنة ١٢٤٠ هذه الجوهرة الى المدرسة الاسكندرية فاقبــل المرحوم ايمااقبال على اجتناء ثمرات العلوم ووجه همته الكبرى الى معالى الامور حتى نال فى وقت قريب الترقى فى هذه المدرسه الى رتبة البولوك امين ومن بعدها اخذ يتنقل فى المدارس العليا وهو يظهر فى جميعها اعلام النباهة ويأتى بما يكسبه مباهاة الاساتذتنيه حتى فاق رفقاقه وأتم اقتطاف الدروس التعليمه وأهلته مهارته للدرجات الاستاذيه هنالك تعين خوجة للعلوم الرياضيه والفلكيه بمدرسة المهندسخانة أيام كانت تحت رئاسة حضرة الشهير المرحوم لامبيربك وبقى فيها الى ان بلغ فى التقـــدم رتبة الصاغقول اغاسى التى أنعم عليه بها فى سنة ١٢٦٢ تقريبا ولا حاجة لان ألمع بأن هذه الرتبة كان لها فى ذلك الحين شأن يذكر ثم ان الحكومة لما شاهدت منه الانصباب الى الاطلاع على أسرار المعارف الغامضه وتفرست فيه هماما كريما دلتنا النهاية على أن فراسة لم تخب فيه بعثت به فى سنة ١٨٥١ الى اوربا لاتميم دراسة العلوم الرياضيه والفلكيه فمكث نحو تسع سنوات لم يأل فى أثنائها جهدا عن الاقبال على تحصيل الوسائل التى كان يراها واسطة فى قرع أبواب التقدم ولم يأت فى طول تلك المدة وهو مواظب آناء الليل وأطراف النهار على الحضور برصدخانة باريس الابرهين منبئة بلاد رفضله ورفعة همه اذ أجرى بعض تصليحات فى الآلة المسماة بالتيودوليد فلما أن جاء وقت الاختبار اقتحم ميدان الامتحان وخرج

متوجهًا بالظفر متدرعًا بالشهادات العظمى وعاد الى الديار المصرية وآيات الفوز والاقبال تسبقه وكان الخديوى يومئذ جناب المرحوم سعيد باشا فقلده فى الحين رتبة أميرالاى وأناط به انشاء خريطة عن الحكومة المصرية فقابل عالمنا هذا الامر بالتنفيذ وشرع فى تخطيط الخريطة المذكوره فهدلها السبل ورتب الرسوم وابرز من جليل صنعه وجميل وضعه ما انبهرت منه العقول ووقفت على مقدار براعته ولقد حقق آمال الحكومة فيه اذ قدم خريطة عن الوجه البحرى لم يسبقه الى مثلها أحد فانما كانت أتقن ما عمل فى هذا الموضوع بل احكم بكثير عما أنشأه غيره عند نزولهم مصر وما جاء به بعدهم جميع الراسمين ولا غرابة فى ذلك فان قربه عنهم من بلاده وسعة الملامة الادق بها امكنه من الاتيان بابدع من عملهم على انه لا يغيب عن علم حضرات الاساتذة ما كانت عليه الحكومة حينئذ من قلة الوسائل وعدم وفر المعدات ومع ذلك فان عزيمته لم تثن برهة وهمته لم تفتر هنية قط

وكانت هذه الخريطة فاتحة لمؤلفات الفقيد حيث أتبعها من نفائس التآليف والكتب بما ينطق له بالمجد ويخلده فى صفحات التاريخ بذكر الا يمحى أثره ما توالى الدبران فكم من رسالات جمع وكم من صحف نشر مما يشق حصره ويستحيل عده فن بعض ما درت به فطنته ويسرلى احصاؤه رسالة فى التقاويم الاسرائيليه والاسلاميه نشرها فى سنة ١٨٥٥ وأخرى عن الحالة الحاضرة للمواد المغناطيسية الارضية بباريس وضواحيها تلاها فى سنة ١٨٥٦ على المجمع العلمى بفرانسا وتكلم فى سنة ١٨٥٨ عن التقاويم العربية قبل الاسلام وعن مولد سيدنا محمد صلى الله عليه وسلم وعن عمره وفاز ت سنة ١٨٦١ عما سواها بنشر ه فيها مؤلفات جليله منها رسالة فى الكسوف الكلى للشمس الذى حصل فى دونجلا فى اليوم الثامن عشر من يوليو سنة ١٨٦٠ ورسالة أخرى فى الكلام على مدينة الاسكندرية القديمه ورساله ثالثه فى التوضيح عن أعمار الاهرام

والغرض الاصلي من تشييدها وتناسبها مع كوكب الشعرى وعلى ذكر هذه الرسالة الاخيرة يجدر بي ايراد عبارة هي في حد ذاتها صادرة عن افكار شخصية فاني كنت موجودا مع المرحوم عند شروعه في أخذ مقاييس الاهرام وموقعها من الناسب الفلكي وأعلم علم اليقين بانه وصل للاطلاع على الغرض من تشييدها اذ وجد تحت حكيمها هرم مقابل بالضبط كوكب الشعرى عند طلوعه فكأن الأمر بناها قصد بجعلها هرم زولة ليعرف منها يوم شمس نسيم العلماء وكذلك لاجل تعريض جثث المدفونين فيها لموافاة صعود الكوكب المذكور فيسبغ عليهم من آياته رحمة وغفرانا لانه ليس يخاف أن كوكب الشعرى كان عند الاقدمين وخصوصا المصريين من أجل المعبودات حتى كان بعضهم يعبر عنه بالاله آلهه ومما تلام أيضا محمود الفلكي على هذه الجمعية رسالتان واحدة يقصد منها انذار درجة الارتفاع الممكن لمياه النيل الوصول اليها وأخرى عن ضرورة انشاء ادارة لرصد الحوادث الجوية بمصر وله أبنا الله تعالى رسالة في توحيد موازين العملة في القطر المصري من القدم ولكن الموت حال بينه وبين اتمامها

والموت نقاد على كفه * جواهر يختار منها الجياد

ولقد ناب المرحوم عن الحكومة المصرية في المجمع الجغرافي بباريس سنة ١٨٧٥ وبفنيسيا في سنة ١٨٨١ وتقلب في الوظائف السامية الى ان بلغ مسند الوزارة فعهد اليه بنظارة الاشغال ولكن حوادث سنة ١٨٨٢ لم تمكنه من ادارة امورها طويلا ثم عهد اليه أيضا بنظارة المعارف فلم شعث او نظم شتاتها وألهمها من معارفه بما ازدهت به زهورها وأينع ثمارها وقصارى القول قد كانت له اليد العظمى في وضع ترتيبات ها في قالب جديد وكفى بهذا الفاضل شرفا ونخرا ان كرور السنين واذا اعوام لم يكن لها ادنى تأثير في تثبيط عزيمته عن اهداء وطنه من بنات مخترعاته ما تسلب أولي البصائر بمحاسن آياتها بل لبث يعمل على رفع ناموس بلده واعلاء كلمة قطره بالتآليف المعجبة والتصانيف الغالية حتى

- ٧ -

دركته الوفاة بغتة وهو محاط بأعز مقتناه الا وهي كتبه وأوراقه التي منها
ما توفي فيها انقضت حياته

كل بن انثى وان طالت سلامته * يوما على آلة حدباء محمول

كأنه أرضاه المولى قد كان أحس باليوم المتاح فخفض له جناح الصبر لأسفله
على عدم اتمامه كتبا بودأن يعقبها برسائل فانه في ذات يوم كان يخاطب جناب
مسيو موجيل بك فقال له أترى أيها المسيو اني بلغت من العمر الحد الواجب فيه
الامانة المودوعة في الانسان وهي الروح ولنشاهد آخر يدل لنا على سعة
اطلاع المرحوم على الموافقات الطبيعية والمقارنات الرصدية ربما انها
كشفت له قناعا عن الحوادث فأدرك منها ما هو مرتبط بمستقبل حياته والا فم
يسر لنا أن نفسر هذا التوافق الغريب وكيف نعبر عن ذا التصادف العجيب
هو اعتناؤه بالتوجه عمدا الى الجبانة قبل وفاته بيوم وحث العمال على تسهيل
قبره الذي كان قد رسمه لنفسه أليس جميع ذلك مما يحمل على التصور ويفتح
الا للفكر

حل هذا العالم الوحيد قاصدا دار الخلد وأفرغ في أفئدتنا أسفا وآلاما تتصاعد
راتها لكنه أبقى بيننا من الآثار الحسنة والابتكارات البديعية ما ينقش
عنه في طروس المجد الابدي ويثبت عمله في صحائف الفخر السرمدي فلئن
غاب جوهرك يا شمس فلك آفول فهذا قوام الرصدخانة يحفظ رسمك ويثبت
عملك ما وجد في وادي النيل متنفس وهذى آلاته تجتذبنا المشاهدة زهرة تذكر
ينم فيها الانعكاس ضوءك * ولئن اعترى صوتك يا محمود زوال فدفع الزوال
من قوة علمك ينبه آذان أبنا بعدتك الى فضلك وما هم غافلين عنه ويحمل
من نغمات صوته ما هو وصل الى الجهاز سمعهم لذات الطرب حيث ينشدهم
تلك آثارنا تدل علينا * فانظروا بعدنا الى الآثار

في استلفت حضرات أعضاء الجمعية الكرام الى عقد العناصر على اقتناء كجعانة

المرحوم يما في وسعهم من الوسائل وجمع ما بها من درر العلوم سيما محررات اقلامه الثمينة ومنقوشات براعه العظيمة

هذا واختم خطابي باستمطار غيث الرحمة والرضوان على هذا العالم النحرير الذى لا نجد لفقده من عوض والطلب من اخواني الحاضرين أن يعضدوني بقولهم آمين

محمد مختار
ميرالاى
اركان حرب

www.ingramcontent.com/pod-product-compliance
Lightning Source LLC
Chambersburg PA
CBHW071432060426
42450CB00009BA/2144